Cómo Iniciar un Negocio Propio

Oportunidades de Negocio (Nuevos Negocios)

Meir Liraz

Published by Liraz Publishing

www.BizMove.com

Copyright © Liraz Publishing. All rights reserved.

ISBN: 9781695845312

Tabla de contenidos

1. Información Sobre cómo Iniciar un Pequeño Negocio ... 5
2. Primeros Pasos para Comenzar un Negocio Pequeño ... 29
3. Lista de Cotejo ¿Qué Debo Hacer para Comenzar mi Negocio? ... 34
4. Evalúe sus Costos Iniciales ... 37
5. Preparación de su Plan de Negocios ... 39
6. Glosario de Términos Básicos para Iniciar un Negocio ... 42
7. Preguntas más Frecuentes ... 78

MEIR LIRAZ

1. INFORMACION SOBRE COMO INICIAR UN PEQUEÑO NEGOCIO

¿De manera que está considerando iniciar su propio negocio? Pues bien, no está solo. El año pasado miles de personas en todos los Estados Unidos decidieron ejercer su libertad y crear su propio negocio. El sueño empresarial norteamericano es tomar una idea para un negocio desde sus etapas de concepción, investigación y planificación, al día en que abre las puertas o lanza su página electrónica.

Los nuevos empresarios tienen las mismas preocupaciones que los nuevos padres. ¿Tendré éxito? ¿Quién ha hecho esto antes que yo que me pueda aconsejar? ¿Donde voy a conseguir financiamiento? ¿Qué tipo de ayuda hay disponible y cuánto me va a costar? Pareciera que todas esas preocupaciones lo asaltan al mismo tiempo.

La mayoría de las personas que tienen éxito al iniciar un negocio propio han planeado bien cada fase de su éxito. Thomas Edison, el gran inventor norteamericano, dijo una vez, "el ingenio es el uno por ciento de inspiración y noventa y nueve por ciento de esfuerzo". Esa misma filosofía se aplica al éxito en los negocios.

Para mejorar sus posibilidades de éxito, primero tiene que generar un poco de esfuerzo para eliminar los errores más comunes que los nuevos empresarios cometen. Según expertos, la mayoría de los principiantes deberán invertir una gran cantidad de tiempo investigando el potencial de sus negocios y del mercado.

Pero, antes de comenzar a redactar el plan, investigue cuidadosamente y responda las siguientes preguntas básicas:

¿Qué nicho o vacío comercial va a llenar mi negocio?

¿Qué productos y servicios voy a vender?

¿Mi idea es práctica y satisfará una necesidad?

¿Qué ventaja tiene mi negocios sobre otros que ya existen?

¿Puedo ofrecer un servicio de mejor calidad?

¿Puedo crear una demanda para mi negocio?

Una vez que haya determinado que su idea para un negocio es factible, responda las siguientes preguntas:

¿Qué estructura legal le daré a mi negocio?

¿Cómo voy a mantener los archivos de mi compañía?

¿Qué tipo de cobertura de seguro voy a necesitar?

¿Qué equipos y suministros voy a necesitar?

¿Cómo me voy a compensar (pagar)?

¿Con qué recursos cuento?

¿Qué financiamiento voy a necesitar?

¿Dónde voy a ubicar mi negocio?

¿Qué nombre le voy a poner a mi negocio?

Si está iniciando un negocio que va a funcionar desde su casa, deberá además contestar las siguientes preguntas:

¿Tengo en mi casa el espacio necesario (preferiblemente separado) para conducir el negocio?

¿Puedo manejar exitosamente el negocio desde mi casa?

¿Puedo manejar bien el aislamiento al que voy estar sometido al trabajar desde mi casa?

El Plan de Negocios

El plan de negocios debe abarcar los aspectos fundamentales, desde los objetivos hasta su gerencia de mercadeo y de operaciones. El plan de negocios es el mapa que lo guiará hacia el éxito, de modo que no ahorre detalles. Un buen plan de negocios debe abarcar las siguientes áreas:

Resumen Ejecutivo

Describe en detalle el negocio y sus objetivos.

Identifica a los propietarios del negocio y la estructura legal.

Discute las habilidades y experiencia que usted y sus socios traen al negocio.

Identifica las ventajas que usted y su negocio tienen sobre la competencia.

Operaciones

Explica cómo se va a administrar el negocio diariamente.

Detalla los procedimientos para contratar personal.

Expliqua las necesidades de seguro, los contratos de arrendamiento o alquiler y los permisos pertinentes al negocio.

Enumera los equipos que se necesitan para generar sus productos o servicios.

Describe el proceso de producción y entrega de los productos o servicios.

Mercadeo

Describe los productos o servicios

Identifica la demanda que existe para sus productos o servicios.

Identifica su mercado, incluyendo tamaño, ubicación y estadísticas demográficas.

Explica cómo va a anunciar y mercadear sus productos o servicios.

Explica su estrategia de fijación de precios.

Administración Financiera

Explica la fuente y cantidad del capital inicial.

Calcula los costos iniciales.

Proyecta los costos operacionales.

Desarrolla un presupuesto mensual de operaciones

para el primer año.

Desarrolla un estimado mensual de ganancias sobre la inversión y de flujo de efectivo para el primer año.

Proporciona proyecciones de ingreso y saldo de cuentas para un período de dos años.

Discute el punto de equilibrio entre ganancias y pérdidas.

Explica su balance de cuentas personal y su método de compensación (pago).

Discute quién llevará la contabilidad y donde se mantendrán los archivos.

Proporciona declaraciones tentativas que abordan enfoques alternos a problemas que se puedan presentar.

Requisitos Legales

Los pequeños negocios tienen que cumplir con las leyes y regulaciones federales, estatales y locales. Usted debe conocer los requisitos legales que afectan a su negocio. Asegúrese de confirmar con el departamento estatal de trabajo y el gobierno del condado. También es aconsejable que consulte a un abogado para que lo ayude con cualquier requisito adicional.

Requisitos de Inscripción y Contabilidad

Es muy probable que necesite lo siguiente:

Certificado de trabajo o licencia emitida por el estado (es probable que necesite también inscribir su nombre con el estado).

Número de impuesto sobre las ventas, y

Cuenta de banco comercial separada.

Si su negocio tiene empleados, usted es responsable de -

Retener impuestos sobre el ingreso y para la seguridad social, y

Cumplir con las leyes que cubren la salud, la seguridad y el salario mínimo de sus empleados.

Zonificación: Investigue las regulaciones de su ciudad en materia de zonificación. Si viola alguna de estas regulaciones puede recibir una multa o le pueden cerrar el negocio.

Restricciones sobre ciertos productos: La mayoría de los estados prohíbe la producción casera de fuegos artificiales, medicinas, venenos, explosivos, productos médicos o sanitarios y juguetes. Algunos estados prohíben también la producción de comida, bebidas o ropa en los negocios caseros.

Entendiendo su Mercado

Una evaluación de su mercado es un elemento crítico que le proporciona los datos básicos para determinar si puede vender con éxito su producto o servicio y cuál es el mejor lugar para establecer su negocio. Este proceso incluye definir sus objetivos, estudiar la competencia y su base de clientes, así como entrevistar a proveedores potenciales. Esta información le puede ayudar, si fuera necesario, a adaptar su producto o servicio para satisfacer mejor las necesidades de sus clientes. La investigación del mercado lo puede ayudar a:

Crear enfoques de venta primarios y alternos para un mercado determinado,

Hacer proyecciones de ganancias basadas en un banco de datos más exacto,

Organizar las actividades de mercadeo,

Desarrollar objetivos críticos de ventas a corto y largo plazo y establecer los límites del mercado en cuanto a ganancias, e

Identificar lo que hace que su negocio sea diferente a otros que ofrecen el mismo producto o servicio.

Preguntas qué se Debe Hacer

Su investigación deberá contestar las siguientes preguntas:

¿Quiénes son sus clientes?

¿Dónde están ubicados?

¿Cuáles son sus recursos y necesidades?

¿Es el producto o servicio que usted ofrece esencial para las operaciones o actividades de sus clientes?

¿Tienen sus clientes la capacidad financiera para adquirir el producto o servicio que usted ofrece?

¿Dónde puede usted crear una demanda para el producto o servicio que está ofreciendo?

¿Puede usted competir efectivamente en precio, calidad y entrega?

¿Cuantos negocios le hacen la competencia ofreciendo el mismo tipo de producto o servicio?

¿Cuál es la economía general del área en la que

usted ofrece su producto o servicio?

¿Qué áreas están declinando o creciendo dentro de su mercado?

Investigar la competencia es extremadamente importante. Visite exposiciones comerciales para enterarse de lo que su competencia está vendiendo y cómo venden sus productos. De igual forma, manténgase informado leyendo revistas y publicaciones que tienen que ver con su industria.

La investigación del mercado no es una actividad que se realice sólo una vez. Cuando ya haya establecido su negocio, debe mantenerse en contacto con sus clientes. Quizá tendrá que adaptar su producto o servicio y alterar su estrategia de mercadeo para mantenerse a nivel con las cambiantes necesidades de sus clientes.

El Precio de sus Productos y Servicio

Hay varias estrategias para determinar el precio de su producto o servicio. Escoja el enfoque que haga a su producto o servicio más competitivo y lo ayude a lograr sus objetivos en materia de ganancias.

Precios de Venta al Menudeo

Una práctica común en el mundo de los pequeños negocios es seguir las recomendaciones de los fabricantes en cuanto al precio al menudeo de sus productos. El precio sugerido de venta al menudeo es fácil de utilizar, pero no toma en cuanta de manera adecuada los elementos de la competencia.

Precios más Bajos que la Competencia

Esta estrategia reduce el margen de ganancia por venta. Requiere que usted reduzca sus costos y:

Obtenga los mejores precios posibles para las materias primas o el inventario,

Ubique su negocio en un área económica (de bajo alquiler),

Mantenga un estricto control de su inventario,

Limite sus líneas de productos a los que se vendan con rapidez,

Diseñe una estrategia de publicidad que se concentre en descuentos de precio, y

Limite los servicios no esenciales.

Una palabra de advertencia: es difícil mantener los

precios por debajo de los de la competencia, porque tiene que vigilar y adaptar constantemente cada componente de los costos. También lo expone a una guerra de precios, y si un rival iguala o mejora sus precios, lo puede arruinar.

Precios más Altos que la Competencia

Esta estrategia es posible cuando la principal preocupación de sus clientes no es el precio. Algunos factores importantes para sus clientes que justifican precios más elevados incluyen -

Consideraciones de servicio, satisfacción en el manejo de las quejas de los clientes, conocimiento de los productos o servicios, y empleados serviciales y agradables;

Una ubicación accesible o exclusiva, y

Mercancía exclusiva.

Precios en un Rango Específico

Esta estrategia está dirigida a un segmento preciso de los consumidores, al ofrecer productos en un marco o nivel específico de precios. Por ejemplo, una tienda puede estar interesada en atraer solamente a clientes dispuestos a pagar $50 o más por un bolso. Fijar un rango de precios tiene algunas ventajas:

Facilita la selección a los clientes, y

Reduce el inventario y los costos de almacenamiento.

Precios Múltiples

Este método implica vender una determinada cantidad de unidades a un precio fijo, por ejemplo, dos unidades por $1.98. Esta estrategia es útil para productos de bajo precio como pasta dental o shampoo. Muchas tiendas encuentran este método atractivo para ventas de fin de año y rebajas especiales.

Estrategia de Precios y Factores de Costo

Cada componente de un producto o servicio tiene un costo específico diferente. Muchos pequeños negocios no analizan cada componente del costo total de su producto o servicio y, por lo tanto, no establecen precios que les den un buen margen de ganancia. Una vez que realice este análisis, establezca los precios para lograr la mayor ganancia y elimine cualquier servicio que no sea rentable.

Los componentes del costo incluyen materiales, mano de obra y costos generales. El de materiales incluye los costos de todos los materiales que forman o integran el producto, tales como madera, pegamentos y superficies en la fabricación de una silla.

Los costos de mano de obra son los del trabajo que se invierte en la fabricación de un producto. Un ejemplo sería los salarios que se les paga a los obreros en la producción de un determinado producto. Los costos directos de mano de obra se obtienen multiplicando el costo por hora por la cantidad de personal / horas que toma completar un trabajo. Recuerde utilizar no sólo los salarios que se pagan por hora sino también el valor monetario de los beneficios adicionales. Estos incluyen la seguridad social, la compensación laboral (cuando un obrero se lesiona, por ejemplo), compensación por desempleo, seguro y beneficios de jubilación.

Los costos generales son los que no se pueden identificar fácilmente con un producto específico. Estos costos incluyen materiales indirectos, tales como suministros, electricidad y calefacción, depreciación, impuestos, alquiler, publicidad, transporte y seguros. Los costos generales también cubren costos indirectos y mano de obra, tales como salarios al personal de oficinas, legales y de limpieza y mantenimiento. Asegúrese de incluir gastos de manipulación y envío, y almacenamiento así como otros componentes del costo. Parte de los costos generales se tienen que cargar a cada servicio que se realiza o producto que se fabrica. La tasa de costo general se puede expresar como un porcentaje o una tasa de pago por hora. También es importante ajustar anualmente los costos generales. Los honorarios tienen que ajustarse para reflejar la inflación y tasas de ganancias más altas. Es mejor ajustar los costos semestralmente e incluir los salarios ejecutivos y otros costos.

Entendiendo el Flujo de Efectivo

Una de las principales causas del fracaso de pequeños negocios es la falta de una adecuada planificación del flujo de efectivo. Entender los conceptos básicos del mismo lo ayudará a administrar mejor el flujo de efectivo.

El suministro monetario de su negocio existe sólo en forma de efectivo o de una cuenta de cheques comercial para pagar las cuentas. Un flujo de efectivo suficiente cubre los gastos del negocio mediante el pago de sus cuentas, y sirve como un amortiguador en caso de emergencia, además de proporcionarle capital de inversión.

El Ciclo Operativo

El ciclo operativo es el sistema por el que fluye el efectivo, desde la compra del inventario hasta el cobro de las deudas. En esencia, mide el flujo del efectivo.

Por ejemplo, el ciclo operativo de su negocio puede comenzar con efectivo e inventario. Normalmente, se compra más inventario para garantizar que haya suficiente productos almacenados y no se acaben a medida que se venden. Sus ventas van a consistir de ventas en efectivo y a crédito (por cobrar), por lo general pagaderas en un término de 30 días a partir de la fecha de compra. Esto se aplica tanto al inventario que usted compra como a los productos que usted vende. Cuando usted paga por el inventario, tanto el efectivo como las cuentas por pagar disminuyen. Treinta días después de la venta de su inventario, usted cobra lo que había vendido a crédito, lo que aumenta su efectivo. Ahora su efectivo ha completado el flujo a través del ciclo operacional y el proceso está listo para repetirse.

Activos Circulantes

Tanto el efectivo como el inventario que se pueden convertir en efectivo dentro de un período de 12 meses, se les llama activo circulante. Los activos corrientes típicos incluyen efectivo, certificados de garantía, cuentas por cobrar y gastos prepagados.

Análisis del Flujo de Efectivo

El análisis de su flujo de efectivo debe mostrarle si las operaciones diarias de su negocio generan suficiente efectivo para satisfacer o pagar sus obligaciones, y también como se relacionan las salidas del efectivo que se usa en los pagos con las entradas de producto de las ventas. El resultado es que usted puede determinar si las salidas y entradas de efectivo en las operaciones de su negocio se combinan de manera que le produzcan un flujo positivo de efectivo o en una salida neta. También se reflejará cualquier cambio importante que se produzca con el tiempo. Una buena comprensión de este análisis le permitirá mantener un mejor control de su flujo de efectivo y le dará márgenes de tiempo adecuados para planificar y preparar el crecimiento de su negocio.

Preferiblemente, es mejor tener suficiente efectivo

disponible todos los meses para pagar las obligaciones o cuentas del mes siguiente que requieren pagos en efectivo. Una proyección mensual del flujo de efectivo lo ayudará a eliminar deficiencias o excesos de efectivo y a comparar las cifras actuales con las de meses anteriores. Cuando encuentre deficiencias en el flujo de efectivo, debe alterar o modificar los planes financieros de manera que tenga más efectivo disponible. Cuando el análisis revela exceso de efectivo, puede ser una indicación de que está tomando demasiados préstamos o que tiene a su disposición efectivo ocioso que podría invertir. El objetivo es desarrollar un plan que resulte en un flujo de efectivo bien equilibrado.

Cómo Planificar un Flujo Positivo de Efectivo

Usted puede aumentar la reserva de efectivo de su negocio de varias maneras.

Cobre las cuentas pendientes: Administre sus cuentas de forma activa y cobre con rapidez las cuentas pendientes. Si su política de cobro no es enérgica, le va a ocasionar pérdidas de ingreso. Mientras más demoren sus clientes en pagarle, más aumenta la posibilidad de que no le paguen de manera completa.

Establezca requisitos más rígidos para otorgar crédito: Mientras más rígidos sean sus requisitos de crédito y los plazos de pago, más clientes se verán forzados a pagarle en efectivo. Ello aumentará su cantidad de efectivo disponible y reducirá los gastos relacionados con el cobro de deudas atrasadas. Pero, aunque establecer requisitos de crédito más rígidos puede favorecerle a corto plazo, puede resultarle negativo a largo plazo. Requisitos de crédito menos rígidos permitirá que más clientes compren sus productos o servicios. Sin embargo, debe medir el aumento consecuente de las ventas y contrastarlo con el posible aumento de los gastos de producto de deudas atrasadas o que sus clientes no pagan.

Obtenga préstamos a corto plazo: A veces va a tener necesidad de obtener préstamos de varias instituciones financieras para cubrir problemas con el flujo de efectivo a corto plazo. Algunos tipos de crédito que se usan en este tipo de situación son créditos rotatorios y préstamos garantizados con una propiedad.

Aumente las ventas: Un aumento en las ventas

podría aumentar el flujo de efectivo, pero si gran parte de las ventas se hace a crédito, lo que aumenta entonces son las cuentas por cobrar, no el efectivo. Mientras tanto, su inventario se reduce y tiene que reemplazarlo. Pero como las cuentas pendientes por lo general no se cobran hasta los 30 días después de la venta, un aumento substancial en las ventas puede resultar en una reducción rápida y drástica de sus fondos en efectivo.

En Busca de un Contador

Si contrata a un contador, busque alguien con buen conocimiento, capacidad y que sea discreto. Dado la complejidad y los constantes cambios en las leyes relativas a los impuestos así como el desarrollo de los métodos de contabilidad, es importante que busque un contador que se mantenga al día mediante seminarios educativos, publicaciones profesionales y otras oportunidades que le permitan continuar su educación. Los contadores profesionales aparecen en los directorios telefónicos bajo contadores, contadores públicos, tenedores de libros y preparadores de impuestos. Trate de obtener referencias y recomendaciones de otros empresarios locales, su banco o su abogado.

Cómo Obtener Dinero para un Pequeño Negocio

Uno de los aspectos clave para iniciar o expandir un pequeño negocio exitosamente es la habilidad que usted demuestre en obtener el financiamiento adecuado. Obtener dinero es la actividad fundamental en un negocio.

Hay varias fuentes que debe considerar a la hora de buscar financiamiento. Explore todas las opciones antes de tomar una decisión. Dichas opciones incluyen -

Ahorros personales

Amigos y parientes

Bancos, asociaciones de crédito, y

Firmas de capital de riesgo.

Préstamos

Para tener éxito en sus gestiones al solicitar un préstamo, es preciso que esté preparado y organizado. Debe saber exactamente cuánto dinero necesita, para qué lo necesita y cómo lo va a pagar. Debe estar familiarizado con las políticas de préstamo de los bancos. Las instituciones prestamistas por lo general requieren que sus préstamos estén completamente garantizados (respaldados por un aval) y que el prestatario comprometa una cantidad razonable de capital propio en la inversión.

Diferentes Tipos de Préstamos Comerciales

Préstamos a corto plazo: Estos préstamos hay que pagarlos en un plazo de un año o menos. Algunos tipos de préstamos a corto plazo incluyen -

Para capital de trabajo

Para cubrir cuentas por cobrar

Líneas de crédito revolvente

Préstamos a largo plazo: Los préstamos a largo plazo por lo general tienen plazo de pago de más de un año pero menos de siete años. Préstamos para adquirir equipos o propiedad inmueble (bienes raíces) pueden llegar a tener plazos de pago de hasta 25 años. Los préstamos a largo plazo se utilizan para gastos sustanciales como -

Equipos

Muebles y aditamentos fijos

Vehículos

Arrendamiento comercial y

Bienes raíces.

Cómo Solicitar un Préstamo

La aprobación de su solicitud de crédito depende en gran medida de la forma en que usted presente su plan de negocio y sus necesidades financieras al prestamista. La mejor forma de incrementar sus posibilidades de obtener un préstamo es preparar una propuesta seria y de apariencia profesional. La propuesta se compone de su plan de negocios con algunos otros elementos importantes:

En el resumen ejecutivo plantee el propósito del préstamo y la cantidad exacta que necesita. Explique específicamente en que utilizará los fondos del préstamo y por qué lo necesita.

En la sección de información financiera incluya declaraciones financieras personales suyas y de los principales dueños del negocio si es una sociedad. También identifique el colateral que está dispuesto a comprometer para garantizar el préstamo.

Lo que Piden Los Prestamistas

En muchos casos el prestamista va a solicitar una copia de su informe de crédito a una agencia evaluadora de crédito. Por lo tanto, debe trabajar con esas agencias para ayudarlas a presentar una imagen correcta de usted y su crédito. El prestamista también examinará su historia laboral y si tiene cartas de recomendación. Con el informe acerca de su crédito y la información que usted haya provisto, el prestamista considerará los siguientes factores:

¿Tiene una historia sólida de crédito?

¿Tiene suficiente experiencia y entrenamiento para operar el negocio con éxito?

¿Preparó un plan de negocios y una solicitud de crédito que demuestran que usted comprende lo que se necesita para tener éxito y está determinado a hacerlo?

2, PRIMEROS PASOS PARA EMPEZAR UN NEGOCIO PEQUEÑO

Empezar y administrar un negocio requiere motivación, deseo y talento. También requiere investigación y planificación.

Al igual que un juego de ajedrez, el éxito en un pequeño negocio empieza con pasos iniciales decisivos y correctos. Y aunque los errores iniciales no son fatales, se requiere habilidad, disciplina y trabajo arduo para recobrar la ventaja.

Para aumentar su posibilidad de éxito, dedíquele tiempo de antemano a explorar y evaluar sus metas de negocio y personales. Entonces utilice esta información para desarrollar un plan de negocio completo y bien pensado, el cual le ayudará a lograr estas metas.

El proceso de desarrollar un plan de negocio le ayudará a reflexionar sobre algunas cuestiones importantes que tal vez usted no haya considerado hasta ahora. Su plan se convertirá en un instrumento valioso cuando empiece a buscar dinero para su negocio. También le dejará establecer y ver metas intermedias para determinar su éxito.

1. Cómo Empezar

Enumere las razones para establecer un negocio. Algunas de las razones más comunes para empezar un negocio son:

Desea ser su propio jefe

Desea tener independencia económica

Desea tener libertad creativa

Desea utilizar por completo sus habilidades y conocimientos.

2. Después debe determinar qué negocio es apropiado para usted. Para esto, hágase estas preguntas:

¿Qué es lo que me gusta hacer con mi tiempo?

¿Qué habilidades técnicas he aprendido o desarrollado?

¿Qué dicen otras personas acerca de lo que hago bien?

¿Tendré el apoyo de mi familia?

¿Cuánto tiempo tengo para administrar un negocio exitoso?

¿Tengo pasatiempos favoritos o intereses que son comerciables?

3. A continuación usted debe identificar el nicho que su negocio llenará. Realice la investigación necesaria para responder estas preguntas:

¿Qué negocio me interesa empezar?

¿Qué servicios o productos venderé?

¿Mi idea es práctica y satisfará una necesidad?

¿Quién es mi competencia?

¿Cuál es la ventaja de mi negocio sobre empresas existentes?

¿Puedo proporcionar un servicio de mejor calidad?

¿Puedo crear demanda para mi negocio?

4. El paso final antes de desarrollar su plan es la lista preliminar de las especificaciones de su negocio. Para esto usted debe responder estas preguntas:

¿Qué habilidades y experiencia traigo al negocio?

¿Cuál será mi estructura legal?

¿Cómo se mantendrán los archivos comerciales de

mi negocio?

¿Qué cobertura de seguro se necesitará?

¿Qué equipos o suministros necesitaré?

¿Cómo me compensaré (pagaré) a mi mismo?

¿Cuáles son mis recursos?

¿Qué financiamiento necesitaré?

¿Dónde se ubicará mi negocio?

¿Qué nombre daré a mi negocio?

Sus respuestas le ayudarán a crear un plan de negocio enfocado y bien desarrollado que servirá como guía. El plan deberá detallar cómo se operará, administrará y capitalizará el negocio.

Una de las piedras angulares más importantes para empezar un negocio es el plan de negocio. La SBA le ofrece tutoría sobre cómo preparar un plan sólido con todos los ingredientes esenciales. No deje de repasar y examinar esta sección.

Una vez que haya completado su plan de negocio, repáselo con un amigo o con un socio de negocio. Cuando usted se sienta cómodo con su contenido y estructura, haga una cita para repasar y discutir el plan con su prestamista. El plan de negocio es un documento flexible que deberá cambiar al crecer su negocio.

3. LISTA DE COTEJO ¿QUE DEBO HACER PARA COMENZAR MI NEGOCIO?

1. Tome una decisión con respecto al tipo de negocio que le interesa establecer. Aprenda todo lo que pueda sobre dicho negocio.

2. Evalúe sus fortalezas y debilidades personales y empresariales. Sea objetivo.

3. Investigue su mercado potencial, incluyendo a los clientes, su industria y la competencia. Averigüe los requisitos legales relacionados con licencias y permisos, las contribuciones sobre ingresos y sobre propiedad mueble e inmueble, la localización del negocio y el uso del nombre comercial.

4. Determine la estructura legal que tendrá su negocio. (Negocio individual, sociedad o corporación).

5. Evalúe los locales comerciales disponibles. Coteje la condición física del edificio, el tránsito, espacio de estacionamiento, costos del alquiler y la disponibilidad de agua, luz y teléfono.

6. Prepare un plan de negocios detallado. No deje de fijar fechas límites para la toma de decisiones clave.

7.Fije el horario o jornada de su negocio.

8.Reúna el capital necesario para llevar a cabo su plan. (Solicite un préstamo comercial y haga un presupuesto que le permita ahorrar).

9.Obtenga el equipo, muebles, materiales, inventario y letreros necesarios.

10.Reclute su personal. Empiece con la elaboración de descripciones de tareas. No olvide establecer un programa de adiestramiento para nuevos empleados.

11.Imprima sus tarjetas de presentación, papel membretado, formularios, recibos, etc.

12.Matricule o registre su nombre comercial. Si tiene una corporación debe someter los artículos de incorporación con el Departamento de Estado. Publique las notificaciones en los periódicos si se requieren.

13.Consiga todos los permisos de uso incluyendo licencias de negocios requeridos en el ámbito local y estatal.

14.Matricule o registre su negocio con el estado y obtenga un permiso, si aplica.

15. Solicite un número patronal federal (Formulario SS-4) y oriéntese con respecto a sus responsabilidades de retención de contribuciones en la agencia federal IRS.

16. Abra una cuenta comercial bancaria. Debe mantener una cuenta ya preparada para sus finanzas personales. Compare las ofertas de varios bancos antes de tomar una decisión.

17. Si tiene planificado tener empleados, oriéntese con el Departamento del Trabajo o de Seguridad Económica de su estado.

18. Solicite el paquete de información contributiva llamada "Small Business Tax Kit" del Servicio de Rentas Internas Federales (IRS) al teléfono 1-800-829-3676.

19. Oriéntese con respecto a los seguros comerciales pertinentes a su negocio.

20. Emita comunicados de prensa. Haga pulicidad a su nuevo negocio.

4. EVALUE SUS COSTOS INICIALES

Al comenzar un negocio, mudarnos a un nuevo local, una nueva sucursal o ampliar nuestro campo de acción van a existir costos iniciales que no son recurrentes. Al llenar los siguientes espacios tendremos una idea de estos costos en dólares.

Partida Costo ($)

Bienes raíces, muebles, accesorios, maquinarias y equipos:

a) Precio de compra – si fue pagado en efectivo $_____

b) Pronto pago en efectivo si se compró a plazos $_____

c) Costos de instalación y transportación $_____

Inventario Inicial

Costos de mejoras, remodelación y decoración

Depósitos requeridos:

a) Utilidades $_____

b) Renta $_____

c) Otros (identifique) $_____

Honorarios requeridos:

a) Legales, contables, otros $_____

b) Licencias y permisos $_____

c) Otros (identifique) $_____

Gastos iniciales de mercadeo y promoción

 (ejemplos: hojas sueltas, llamadas y cartas de ventas, letreros, étc.)

Cuentas por Cobrar (_____ días de ventas) $_____

Salarios y retiros de capital o hasta que comience el negocio o hasta que el flujo de efectivo sea positivo. $_____

Otros Gastos Misceláneos:

Cuotas de asociaciones comerciales, alquiler de equipo, efectos de oficina, servicios de limpieza, letreros, otros efectos, etc. $_____

Pagos de otras obligaciones fijas $_____

Total de Gastos $_____

5. PREPARACION DE SU PLAN DE NEGOCIOS

Si usted se encuentra escribiendo su plan comercial por primera vez o lo está haciendo por vigésima vez, hay ciertos pasos que puede seguir para hacer más fácil el proceso.

Paso 1 - Identifique sus objetivos. El primer paso para preparar su plan comercial es determinar quién será su audiencia, qué esperarán de su compañía. Luego, debe establecer lo que usted desea que su audiencia sepa acerca de usted. ¿Cuáles son las áreas que desea acentuar? ¿Cuáles son las que usted desea minimizar o eliminar? Una vez que haya resuelto cualquier conflicto entre estos dos puntos de vista, estará lista para el paso 2.

Paso 2 - Haga un perfil de su plan de negocios. Ahora que usted ha identificado sus objetivos, ya puede comenzar a preparar un perfil de su plan de negocios basado en esos requisitos. Un perfil puede ser tan general o tan específico como usted lo desee. Sin embargo, cuanto más específico sea, más fácil será el proceso de la redacción en sí.

Paso 3 – Repase su perfil. El paso siguiente es repasar su perfil. De acuerdo con sus lectores y sus objetivos, identifique las áreas que deben presentarse detalladamente o en forma resumida en su plan comercial. Recuerde que debe mantener presente el foco del gran esquema. Cualquier información detallada se puede incluir en la sección del apéndice o en base a una solicitud especial.

Paso 4 - Escriba su plan. Dependiendo de la antigüedad de su empresa y de su experiencia en escribir planes de negocio, el orden en el que usted ha de convertir los elementos específicos de su plan de negocios variará. ºRecopile información. La mayoría de la gente comenzará primero recopilando información financiera histórica de los datos y del estudio de mercado. Usted utilizará esta información para realizar muchas de las suposiciones y estrategias básicas para su plan.

Prepare los bosquejos. El paso siguiente al escribir su plan comercial es preparar los bosquejos iniciales de su proyección de estados financieros. Estos le servirán para determinar las estrategias "viables" desde una perspectiva financiera antes de invertir tiempo y energía escribiendo descripciones detalladas sobre cada área.

Escriba el resumen. El último paso al escribir su

plan de negocios es preparar un resumen ejecutivo. Aunque este documento viene al principio de su plan de negocios, se escribe al final debido a que incluye un resumen de todas las otras secciones.

Paso 5 - Haga revisar su plan. Puesto que puede ser difícil criticar su propia creación, es buena idea tener a alguien que conozca el proceso de planificación y administración del negocio para efectuar la revisión de su plan de negocios y asegurarse de que está completo, tiene lógica y de que es eficaz como herramienta de comunicación y presentación. Una vez que esto suceda, haga las revisiones necesarias en base a los comentarios de dicha persona.

Recuerde que es importante actualizar en forma periódica su plan de negocios, ya que si no lo hace, éste llegará a perder su utilidad.

6. GLOSARIO DE TERMINOS BASICOS PARA INICIAR UN NEGOCIO

ACUERDO [Compromise]

El acuerdo de pago como resultado de la falta de pago del préstamo por menos del total. El acuerdo de liquidación es un procedimiento para usar solamente en los casos en que el gobierno no puede recaudar la cantidad total, dentro de un tiempo razonable, con procedimientos legales para el cobro del préstamo, o en donde los costos de los procedimientos legales no justificarían tal esfuerzo.

ARRENDAMIENTO [Lease]

Un contrato entre el dueño (arrendador) y el ocupante (arrendatario), en el que se establecen las condiciones bajo las cuales el arrendatario puede ocupar o usar la propiedad.

ASOCIACION DE EJECUTIVOS JUBILADOS [Service Corps of Retired Executives SCORE]

Son ejecutivos exitosos jubilados, y en funciones, que se ofrecen como voluntarios para dar asesoría, capacitación y guía a pequeños empresarios.

ASOCIACIONES PROFESIONALES Y COMERCIALES [Professional and Trade Associations]

Organizaciones no lucrativas, cooperativas y voluntarias diseñadas para ayudar a sus miembros a tratar problemas de interés mutuo. En muchos casos los profesionales y las asociaciones establecen acuerdos con la SBA para proporcionar asesoría voluntaria a la comunidad de pequeños empresarios.

ASUNCIÓN [Assumptions]

Es el acto de asumir o tomar las obligaciones o deudas de otro.

BANCA DE INVERSIÓN [Investment Banking]

Negocios especialistas en la formación de capitales. Se realiza por medio de la compra y venta de valores ofrecidos por el emisor, respaldando su colocación o realizando los mejores esfuerzos de venta.

BIENES DE CAPITAL [Capitalized Property]

Aquellos que no se destinan al consumo, sino a seguir el proceso productivo, los cuales tienen un valor promedio de $300.00 o más y vida útil de un año o más. Los bienes de capital se pueden depreciar anualmente de acuerdo a la vida útil que le dé la empresa.

BONO DE INGRESOS INDUSTRIALES
[Industrial Revenue Bond IRB]

Son los bonos exentos de impuestos emitidos por un organismo gubernamental estatal o local para financiar proyectos industriales o comerciales que sirven para el bienestar público .El bono generalmente no es respaldado completamente por el compromiso y crédito del gobierno que lo emite, sino que se paga únicamente de las ganancias del proyecto y requiere de un compromiso del sector privado para el pago.

BONO ESPECULATIVO O SIN GARANTIA
[Junk Bond]

Expedición de un bono corporativo de alto rendimiento con un bajo índice de inversión que se convirtió en una fuente creciente de financiamiento corporativo en los años 80's.

CALIFICACION DE CREDITO [Credit Rating]

Es la calificación que se le asigna una agencia de crédito a un negocio para indicar el valor neto del capital y el crédito que se le otorga a la empresa como resultado de su investigación.

CANTIDAD PARA LIQUIDAR UN PRESTAMO [Loan Payoff Amount]

Es la cantidad total de dinero que se necesita para pagar la obligación de un prestatario en un préstamo. La cantidad se obtiene acumulando el interés bruto por día y multiplicando esta cifra por el número de días que existen entre la fecha del último pago y la del vencimiento. Esa cantidad, conocida como interés acumulado, se combina con el capital principal y los saldos en los depósitos que son aplicables a lo que aparece como la cantidad a liquidar del préstamo. En el caso de que el interés pagado exceda los intereses acumulados, el remanente es restado del anterior y la diferencia se usa para reducir la cantidad que se debe.

CAPITAL DE RIESGO [Venture Capital]

Dinero utilizado para respaldar un negocio nuevo o un negocio comercial poco común: el patrimonio propio, riesgo o capital especulativo. Este financiamientos es otorgado a empresas nuevas o ya existentes que exhiben la tasa de utilidad superior a las tasas medianas del mercado, lo cual significa un potencial para la expansión del mercado y la necesidad de un financiamiento adicional para el mantenimiento del negocio o la expansión del mismo.

CARACTER [Character]

Es una letra, dígito u otro símbolo, que es parte de la organización, control o representación de información utilizados en los sistemas de cómputo.

CENTRO DE INFORMACION EMPRESARIAL [Business Information Center BIC]

Uno de los más de 50 centros de la Agencia Federal para el Desarrollo de la Pequeña Empresa el cual ofrece lo último en equipo de cómputo, programas y telecomunicaciones para ayudar a los pequeños negocios por medio de asesoría individual de exitosos hombres de negocios por medio de la Asociación de Ejecutivos Jubilados (SCORE). Cada centro de información empresarial (BIC) ofrece folletos electrónicos, base de datos computarizados, intercambio de información en línea, publicaciones periódicas, cintas de video, material de referencias, textos, guías para comenzar un negocio, programas de aplicación, asesoría para el uso de la computadora y medios interactivos.

CENTROS DE DESARROLLO EMPRESARIAL
[Small Business Development Centers SBDC]

Los SBDC son centros que tienen sus bases en universidades para dar servicios conjuntos del gobierno, académicos y del sector privado para el beneficio de los pequeños negocios y el bienestar de toda la nación. Estos centros están comprometidos con el desarrollo, la productividad y la economía en regiones específicas.

CIERRE [Business Death]

Cierre voluntario o involuntario de una firma o establecimiento.

CIERRE [Closing]

Acciones y procedimientos requeridos para llevar a cabo la documentación y el desembolso de los fondos del préstamo después de que la solicitud ha sido aprobada, ejecutando, archivando y registrando toda la información requerida.

CODIGO DE COMERCIO UNIFORME
[Uniform Comercial Code]

Codificación de leyes uniformes con respecto a transacciones comerciales. En el lenguaje de la SBA se refiere generalmente a un método uniforme de registrar e implementar un interés prendario o una tarifa sobre la propiedad existente o que se va a adquirir.

COEFICIENTE O PROPORCION [Ratio]

Denota las relaciones de los rubros dentro y en medio de los estados financieros. Por ejemplo, la proporción coeficiente de liquidez, de relación entre activo disponible/pasivo corriente, de rotación de inventarios y la proporción del valor en relación a la deuda.

COLATERAL O AVAL [Collateral]

Es algo de valor-valores, evidencia de un depósito o de alguna propiedad- que asegure el pago de una obligación.

COMPONENTES DE UNA BASE DE DATOS [Data Elements]

Es la unidad básica de información identificable y concreta. El componente de una base de datos ocupa el espacio provisto para un archivo en una relación o columnas dentro de una forma. Tiene un nombre que le identifica y un valor o valores para expresar un hecho en específico. Por ejemplo, un componente de una base de datos llamada "Color de ojos", tendría archivo con valores de "Azul (un nombre)", "BI (una abreviatura)", "06 (un código)". Del mismo modo un componente de la base de datos llamada "Edad del empleado" tendría un archivo con valor de "28" (valor numérico).

COMPRA POR APALANCAMIENTO
[Leveraged Byout]

Es la compra de un negocio, financiado en su mayor parte por dinero prestado, frecuentemente bajo la forma de bonos especulativos o sin garantía.

CONCESION DE FRANQUICIAS [Franchising]

Es una relación continua en la cual el otorgante de la franquicia proporciona una licencia al concesionario para hacer el negocio y ofrece apoyo a la organización, capacitación, comercialización, ventas y manejo del negocio a cambio de una compensación. El otorgamiento de franquicias es una forma del negocio en la cual el dueño (el que otorga la franquicia) de un producto, servicio o método, obtiene la distribución por medio de los negociantes afiliados (concesionarios). El producto, el método o el servicio que se vende en el mercado, es identificado generalmente por el nombre de la marca del que otorga la franquicia y el poseedor del privilegio (concesionario) a menudo recibe acceso exclusivo a un área geográfica definida

CONSEJERO DEL EAP [EAP Counselor]

Realiza consultas confidenciales a los empleados con algún problema a petición de los mismos empleados o son referidos para el análisis objetivo de un problema personal y, para la identificación de la mejor ayuda disponible y/o servicios profesionales que necesite para resolver el problema del empleado.

CONSORCIO [Cosortium]

Grupo de organizaciones, tales como bancos y corporaciones, con el fin de establecer fondos para las empresas que requieren grandes fuentes de capital.

CONTABILIDAD [Accounting]

El registro, clasificación, cuantificación e interpretación de manera significativa y en términos de dinero, de transacciones y eventos de carácter financiero.

CONTADORES PUBLICOS INDEPENDIENTES Y CALIFICADOS
[Independent and Qualified Public Accountants]

Los Contadores Públicos son independientes cuando ni ellos ni sus familiares tienen un interés económico directo o indirecto en el negocio del prestatario más allá de su trabajo como contador. Se consideran calificados a menos que haya evidencia de lo contrario, ellos son certificados, autorizados con licencias u otros registros requeridos por el estado donde trabajan o han sido contadores públicos al menos por cinco años y son aceptados por la SBA.

CONTRATO DE PRESTAMO (PAGARE) [Loan Agreement]

Es el acuerdo que debe cumplir el prestatario, en el cual se estipulan los términos, las condiciones, convenios y restricciones pertinentes.

COORDINADOR DEL PROGRAMA DE AYUDA A EMPLEADOS [Employee Asistance Program Coordinator EAP]

Coordina las actividades de la Oficina Central o de los consejeros regionales, mantiene una lista de recursos comunitarios de ayuda profesional disponible a empleados con problemas y la lista actualizada de asesores del EAP para el área de su jurisdicción.

COSTOS [Costs]

Dinero comprometido para pagar los bienes y servicios recibidos durante un período de tiempo, sin considerar cuando fueron ordenados o pagados.

CREACION DEL NEGOCIO [Business Start]

Por diferentes propósitos, un negocio con un nombre o con una designación similar que no existía anteriormente.

CUENTA DE GARANTIA [Escrow Accounts]

Son los fondos colocados en fideicomiso por un prestatario, con un tercero para un objetivo específico y que serán entregados al solicitante del préstamo, sólo bajo el cumplimiento de ciertas condiciones.

CUENTAS POR COBRAR [Accounts Receivable]

Relación de cuentas de la empresa que representan dinero, resultado de mercancías vendidas o servicios otorgados, comprobados por notas, informes, facturas u otra evidencia escrita.

CUENTAS POR PAGAR [Accounts Payable]

Relación de cuentas de la empresa que representan la obligación de pagar por mercancías y servicios adquiridos.

DESCUENTO POR PAGO EN EFECTIVO O POR PRONTO PAGO [Cash Discount]

Es un incentivo que ofrece el vendedor para estimular al comprador a pagar dentro del tiempo estipulado. Por ejemplo, si el vencimiento es 2/10/N 30, el comprador podrá deducir 2 % de la cantidad de la factura, (si paga dentro de 10 días) de otra manera la cantidad total se pagará en 30 días.

DESEMBOLSO [Disbursement]

Es el pago al prestatario de todo o parte de los fondos del préstamo. Esto puede ser al cierre o después.

DESEMBOLSOS [Outlays]

Desembolsos netos (pagos en efectivo en exceso de entradas de efectivo en caja) para gastos administrativos, préstamos, costos y gastos (ej., los desembolsos brutos para los préstamos y los gastos menos los pagos de préstamo, el interés y el ingreso de retribución acumulado, y los reembolsos recibidos por los servicios realizados para otras agencias).

DESPOSEIMIENTO [Divestiture]

Cambio de propiedad y/o de control de un negocio de una mayoría (no en desventaja) a personas en desventaja.

DEUDA DE CAPITAL [Debt capital]

Financiamiento del negocio que normalmente requiere pagos de intereses periódicamente y reembolsos al capital dentro de un tiempo determinado.

DIAGRAMA DE FLUJO [Flow Chart]

Una representación gráfica para la definición, el análisis, o la solución de un problema, en el que los símbolos son usados para representar operaciones, datos, el flujo, el equipo, etc.

DISOLUCION DEL NEGOCIO [Business Dissolution]

Por razones diferentes, la ausencia de los archivos actualizados de un negocio, que existían anteriormente.

DISPUTA EN LA NEGOCIACION [Negotiation Dispute]

Es el momento en que los trabajadores y la administración no llegan a un acuerdo en algunos o en todos los asuntos tratados en la mesa de negociación y los servicios de FMC's no han sido utilizados.

DOCUMENTO DEL COLATERAL O AVAL [Collateral document]

Es el documento legal que garantiza los bienes que cubren el préstamo, como títulos de crédito, hipotecas, cesiones, etc.

ELIMINACION DE CUENTAS INCOBRABLES [Charge-off]

Una transacción contable en que se eliminan los saldos incobrables de las cuentas por cobrar activas.

EMPRESA [Enterprise]

Agrupación de todos los establecimientos propiedad de una compañía matriz. Una empresa puede consistir en un único establecimiento independiente o puede incluir sucursales u otros establecimientos bajo el mismo propietario y el mismo control.

EMPRESARIO [Entrepeneur]

Es quien asume el riesgo financiero del inicio o apertura, la operación, gerencia de un negocio y el control del mismo.

EQUIPO FISICO DE LA COMPUTADORA [Hardware]

Es un término usado para describir los elementos mecánicos y electrónicos del sistema de procesamiento de información.

ESCRITURA FIDUCIARIA (CONTRATO DE FIDEICOMISO) [Deed or Trust]

Un documento sellado que, cuando es entregado, transfiere un interés actual a la propiedad. Puede ser válido como garantía.

ESTABLECIMIENTO [Establishment]

Un negocio localizado en un solo lugar que puede ser independiente -nombrado empresa independiente- o pertenecer a una matriz.

ESTADOS FINANCIEROS [Financial Reports]

Reportes comúnmente requeridos de las personas que solicitan ayuda financiera:

1.-Estado de Cuenta: Es un informe que muestra la posición que tiene la empresa en cuanto a sus activos, pasivos y capital, en determinado momento.

2.-Estado de resultados: Es el informe que muestra las ganancias y las pérdidas del negocio, es decir los ingresos netos a un tiempo específico.

3.- Flujo de efectivo: Es el informe en el cual se analiza la fuente actual y proyectada de la disposición de efectivo durante un periodo contable, ya sea pasado o futuro.

FALTA DE PAGO O INCUMPLIMIENTO [Defaults]

Es la falta de pago al capital y/o interés sobre la deuda dentro de los términos y las condiciones acordadas.

FINANCIAMIENTO [Financing]

Fondos nuevos proporcionados a un negocio, ya sea por otorgamiento de préstamos o por la compra de instrumentos de deuda o de acciones de capital.

FINANCIAMIENTO DE LA DEUDA [Debt financing]

La disposición de préstamos a largo plazo para pequeñas empresas a cambio de obligaciones de deuda o un pagaré.

FINANCIAMIENTO DEL PATRIMONIO (CAPITAL) [Equity Financing]

Es la provisión de fondos para el capital o gastos de operación a cambio de capital en acciones, certificado de compra de acciones y opciones en el negocio que se financia, sin ninguna garantía de ganancia, pero con la oportunidad de participar en las utilidades de la compañía. El financiamiento del patrimonio incluye títulos subordinados a largo plazo que contienen opciones para compra de acciones y/o certificados. Utilizado en las actividades de financiamiento de SBIC.

FLUJO DE EFECTIVO [Cash Flow]

Estado de cuenta que muestra cuánto del efectivo generado queda después de los gastos (incluidos los intereses) y pago al capital. Un estado de flujo de efectivo proyectado indica si la empresa va a contar con efectivo para cubrir sus gastos, préstamos y lograr utilidades, el flujo de efectivo puede ser calculado en cualquier periodo de tiempo, normalmente se hace cada mes.

FRACASO DEL NEGOCIO [Business Failure]

Es el cierre de una empresa causando pérdidas de cuando menos un acreedor.

FUSION [Merger]

Una combinación de dos o más corporaciones donde la unidad dominante absorbe a las pasivas, usualmente continúan con su operación bajo el mismo nombre. En una consolidación dos unidades se combinan y son sucedidas por una corporación nueva, generalmente con un título nuevo.

GRAVAMEN [Lien]

Es la tarifa o el interés de la garantía en propiedad personal o inmobiliaria mantenida para asegurar la satisfacción de la deuda o de una obligación, que ordinariamente surge por procedimiento legal.

HIPOTECA [Mortage]

Un instrumento que da un título legal para asegurar el pago de un préstamo hecho por el acreedor hipotecario (prestamista). Legalmente se contemplan dos tipos: (1) la teoría del título opera como una transferencia del título legal de la propiedad al acreedor hipotecario, y (2) la teoría de gravamen, crea un gravamen sobre la propiedad a favor del acreedor hipotecario.

INAUGURACION O APERTURA [Business Birth]

Creación de una nueva empresa o establecimiento.

INCUBADORA [Incubator]

Una instalación diseñada para fomentar el espíritu empresarial y minimizar obstáculos en la creación y desarrollo de negocios nuevos, particularmente para compañías de alta tecnología, albergando varias empresas que comparten varios servicios. Estos servicios compartidos pueden incluir áreas de reunión, servicios secretariales, servicios de contabilidad, bibliotecas para investigación, asesoría financiera y administrativa en el procesamiento de textos.

INDEMNIZACION LABORAL [Worker's Compesation]

Una forma de declaración del seguro de los trabajadores que cubre accidentes relacionados con el trabajo. En algunos estados estos deben adquirirse a través de aseguradoras comerciales. El costo del seguro se basa en varios elementos desde el salario base, el historial de la compañía y el riesgo de ocupación.

INDICE DE PERDIDA [Loss Rate]

Índice que se desarrolla por la comparación en la rotación total de los préstamos incobrables al total de los préstamos otorgados desde el inicio del programa hasta la fecha actual.

INNOVACION O INTRODUCCION [Innovation]

Es la presentación de una nueva idea dentro del mercado en forma de un nuevo producto o servicio o la mejora de la organización o de un proceso.

INSOLVENCIA [Insolvency]

Es la inhabilidad de un prestatario de pagar sus obligaciones económicas al vencerse, o sus activos son insuficientes para cubrir el pago de las deudas.

INSTITUCION DE CREDITO [Lending Institution]

Cualquier institución, inclusive un banco comercial,

una asociación de ahorros y préstamos, compañía de financiamiento comercial, u otro prestamista calificado para participar con la SBA en el otorgamiento de préstamos.

INTERES [Interest]

La cantidad pagada al prestamista por haber utilizado su dinero o fondos.

INTERES ORDINARIO [Ordinary Interest]

Es el interés simple que tiene como base el año comercial que es de 360 días, que contrasta con el mismo interés en un año de 365 días.

INVERSION DE CAPITAL [Capital Expenditures]

Son los gastos del negocio destinados a la adquisición de equipo o inventario.

JUICIO [Judgment]

La determinación judicial de la existencia de la deuda u otra responsabilidad legal.

JUICIO POR CONFESION [Judgment by confesión]

Son los actos de los deudores que permiten que se

haga un juicio en contra de ellos por una cierta cantidad mediante una declaración, sin haber realizado procedimientos legales.

JUICIO HIPOTECARIO [Foreclosure]

El acto por el cual el acreedor hipotecario o fiduciario, en el incumplimiento del pago de interés o del capital principal de una hipoteca, obligan al pago de la deuda por medio de la venta de la garantía.

LICITACION PUBLICA [Invitations for Bids]/

Solicitudes formales de propuestas, para realizar adquisiciones mediante ofertas, cuando las especificaciones describen los requisitos del gobierno de manera clara, exacta y completa, pero evitando innecesarias especificaciones restrictivas o requisitos que excesivamente podrían limitar el número de licitantes.

LIQUIDACION [Liquidation]

La colocación, a precios máximos, del colateral o el aval que garantiza un préstamo y el cobro voluntario y forzoso del saldo de la deuda por las personas obligadas o garantes (fiadores).

LITIGACION [Litigation]

Se refiere a un préstamo, en "estado de liquidación" el cual ha sido referido a abogados para la acción legal. También se refiere a la toma de acciones legales a través de un proceso judicial.

MARGEN DE GANANCIA [Markup]

Es la diferencia entre el costo y el precio de venta. También se puede explicar como un porcentaje del precio de venta o los costos de hacer negocios más una ganancia. Ya sea que el margen de ganancia se base en el precio de venta o el costo, la base es siempre igual a 100%.

MERCADO SECUNDARIO [Secondary Market]

Son los que adquieren un interés en un préstamo de un prestamista original, como los bancos, inversionistas institucionales, compañías de seguros, uniones de crédito y los fondos de pensión.

NEGOCIACION [Negotiation]

Es el proceso "cara a cara" usado por los sindicatos locales y los empleadores para intercambiar sus puntos de vista en asuntos como políticas y prácticas del personal, u otras cuestiones que afectan las condiciones laborales de los empleados en la empresa y se reducen a un acuerdo obligatorio escrito. Usado también por oficiales para lograr grandes contratos.

NOTAS Y CUENTAS POR COBRAR [Notes and Accounts Receivable]

Una cuenta por cobrar asegurada o no, evidenciada por una nota o una cuenta abierta proveniente de las actividades financieras que produce la liquidación o la disposición del colateral o aval del un préstamo.

OBLIGACION HIPOTECARIA [Debenture]

Es un instrumento de deuda que muestra que el titular del mismo recibe intereses en pagos al capital por la parte obligada. Aplica a todas las formas sin garantía, instrumentos de deuda a largo plazo probados por certificado de deuda.

OBLIGACIONES [Obligations]

Técnicamente definidas como la cantidad de pedidos hechos, contratos otorgados, servicios recibidos y transacciones similares durante un período en el cual los pagos son requeridos en ese periodo u otro periodo futuro.

OFICIAL DE PAGO [Disbursing Officer]

Es el empleado autorizado a efectuar pagos en efectivo o hacer cheques para saldar facturas aprobadas por un oficial certificado.

ORDEN INVERSA DE VENCIMIENTO [Inverse Order of Maturity]

Es cuando se reciben pagos del prestatario por una cantidad mayor a la autorizada de acuerdo al calendario de pagos. El pago excesivo se acredita al capital lo cual reduce el vencimiento del préstamo y no afecta el calendario original de pagos.

PASIVOS CONTINGENTES [Contingent liability]

Obligaciones potenciales relacionadas con transacciones que involucran un cierto grado de incertidumbre y que pueden presentarse como consecuencia de un suceso futuro. Dos ejemplos son (1) La responsabilidad de un endosante o fiador de un crédito si el primer prestatario no puede pagar conforme a lo acordado, y (2) la responsabilidad que puede crear un pleito que es resuelto a favor de la otra parte.

PATENTE [Patent]

Una patente asegura a un inventor el derecho exclusivo de hacer, usar, y vender el invento por 17 años. Los inventores tienen que ponerse en contacto con la Oficina de Patentes del Departamento de Comercio de los Estados Unidos.

PATRIMONIO (CAPITAL PROPIO) [Equity]

Es la propiedad que se tiene sobre algún activo o sobre un negocio.

PEDIDOS NO ENTREGADOS [Undelivered Orders]

Es la cantidad de órdenes o pedidos de bienes o servicios pendientes de entregar para los cuales las obligaciones de adeudo aún no se han acumulado. Para propósitos prácticos representa las obligaciones contraídas en la cual los bienes no han sido entregados ni los servicios realizados.

PERFIL DEL PUESTO [Job Description]

Es la declaración escrita que enumera los elementos de cierto trabajo u ocupación, por ejemplo, el propósito, las obligaciones, los equipos que se utilizan, las aptitudes, la capacitación, las exigencias físicas y mentales, las condiciones de trabajo, etc.

PLAN DE NEGOCIOS [Business Plan]

Es un documento que describe en una forma clara y explícita, el objetivo del desarrollo comercial de un negocio o una propuesta de un negocio nuevo que está solicitando asistencia en el programa 8 (a) o en los programas de préstamos de la SBA. Este plan define el qué, el cómo y de dónde se obtendrán los recursos que se necesitan para alcanzar los objetivos.

PRACTICA LABORAL DESLEAL O INJUSTA [Unfair labor practice]

Es la acción en la cual el empleado o el sindicato viola las disposiciones de la versión enmendada de EO 11491.

PRESTAMO APLAZADO (DIFERIDO) [Deferred loan]

Préstamo cuyo capital e intereses son aplazados por un período de tiempo específico.

PRESTAMO CANCELADO [Canceled loan]

Es la anulación o rescisión de la aprobación de un préstamo previo al desembolso.

1.- Activos menos pasivos representan la propiedad real de la empresa;

2.- Un inventario de mercancías acumuladas por un periodo de tiempo específico y en contraste al ingreso recibido durante un periodo de tiempo específico.

3.- Mercancías acumuladas destinadas a la producción de bienes; posesiones acumuladas que se calcula producirán ingresos.

PRESTAMO GARANTIZADO [Guaranteed loan]

Un préstamo hecho y atendido por una institución de préstamos bajo el acuerdo que una agencia gubernamental comprará la porción garantizada si el prestatario deja de pagar.

PRESTAMO PAGADO [Closed Loan]

Cualquier préstamo para el cual los fondos han sido desembolsados y toda la información requerida ha sido ejecutada, recibida y revisada. Para propósitos estadísticos el primer desembolso o el total del desembolso se toma en cuenta como un préstamo pagado.

PROCEDIMIENTO DE NEGOCIACION DE QUEJAS [Negotiated Grievance Procedure]

Es el procedimiento único y exclusivo disponible para todos los empleados de la empresa y el empleador para exponer cualquier queja y/o disputa acerca del trabajo.

• PROCESAMIENTO DE PALABRAS [Word Processing]Es la producción eficiente y efectiva de comunicaciones escritas al costo más bajo posible mediante el uso combinado de procedimientos en la administración de sistemas, de tecnología automatizada, y del personal competente. El equipo usado en aplicaciones de procesamiento de palabras incluye, pero no está limitado a lo siguiente: computadoras y programas de cómputo.

PROCESO AUTOMATICO DE DATOS [Automatic Data Processing]

1.- El procesamiento de datos masivos que se lleva a cabo por medios automáticos

2.- La disciplina que se relaciona con métodos y técnicas de procesamiento electrónico de datos.

3.- Equipo de procesamiento, como programas de contabilidad electrónicos y equipos de procesamiento electrónico de datos.

PRODUCTO INTERNO BRUTO [Gross Domestic Product GDP]

Es la expresión más clara y completa de todo el rendimiento económico. Representa el valor total de mercado de los bienes y servicios producidos por la economía de una nación.

PRODUCTO NACIONAL BRUTO [Gross Nacional Product GNP]

Es una medida del rendimiento económico de una nación. Desde 1991 el PIB, que se calcula de manera diferente, ha reemplazado al PNB como medida del rendimiento económico en los E.E.UU.

PRO-NET

Una base de datos en Internet con información sobre pequeños negocios en desventaja económica y de mujeres propietarias de empresas 8(a) en busca de contratos.

PROPIEDAD INDIVIDUAL [Propiertorship]

Es la forma legal más común de la propiedad de un negocio: cerca del 85% de todos los pequeños negocios se poseen por derecho de propiedad individual. La responsabilidad del dueño es ilimitada en esta forma de propiedad

PRORROGA DE VENCIMIENTO [Maturity Extensions]

Es el tiempo que se otorga más allá del plazo original de vencimiento establecido para liquidar un préstamo.

PROTESTA [Protest]

Declaración escrita en la cual el licitador en un contrato de adquisición alega en contra de otro licitador porque dicha adquisición no tiene que ver con un pequeño negocio.

PUNTO DE EQUILIBRIO [Break-Even Point]

El punto de equilibrio en cualquier negocio es el punto en el cual los ingresos son igual a los gastos - es el punto en el que no existe utilidad ni pérdida- dentro de varios niveles de actividad. El punto de equilibrio le dice al administrador que nivel de producción o de actividad es necesario para que la compañía alcance el nivel de utilidad deseada. Además refleja la relación entre los costos, volumen y utilidad.

QUIEBRA [Bankruptcy]

Es la situación en la cual la empresa no puede cumplir con sus obligaciones de deudas y depende de la decisión de la corte federal de su distrito correspondiente para la reorganización de sus deudas y la liquidación de activos. En la acción, los bienes del deudor son tomados por un administrador o depositario con el fin de que sean beneficiados los acreedores. La operación es regulada por la Ley Nacional de Quiebra y puede ser voluntaria o involuntaria.

RENTABILIDAD (RENDIMIENTO) [Earning Power]

La capacidad de un negocio para generar utilidades, mientras mantiene una buena contabilidad. Cuando un negocio muestra una utilidad razonable con respecto al capital invertido después de los gastos de mantener el negocio (propiedad), una apropiada compensación a sus dueños y empleados, cumplir con sus obligaciones, y reconocimiento total de sus costos, entonces se puede decir que el negocio es rentable. El demostrar la rentabilidad (rendimiento) sirve como principal prueba en la solicitud para obtener un préstamo.

RENTABILIDAD DE LA INVERSION [Return on investmen]

Es la ganancia (recuperada) basada en la cantidad de recursos (fondos) utilizados para generarla. Además, se entiende como la habilidad que tiene una inversión de generar utilidades y de reinvertirlas.

RESPONSABILIDAD O GARANTIA DE UN PRODUCTO [Product Liability]

Es el tipo de responsabilidad civil que se aplica a los fabricantes o vendedores de un producto.

ROTACION [Turnover]

La rotación es el número de veces en que un inventario mediano de mercancías se vende dentro de un año fiscal o un período designado. Se debe tener cuidado para asegurar el inventario promedio en el costo o dividirlo entre el precio de venta. No mezcle precio de costo con precio de venta. Cuando la rotación se calcula correctamente, sirve como una medida de la eficiencia de un negocio.

SEGURO DE RIESGOS [Hazard Insurance]

Es el seguro que requiere el prestamista para cubrir ciertos riesgos en bienes raíces y propiedad personales y son utilizados para asegurar préstamos.

SOCIEDAD [Partnership]

Es la relación legal entre dos o más personas asociadas por medio de un contrato como socios en un negocio.

SOCIEDAD DE CAPITAL (EQUIDAD) [Equity Partnership]

Arreglo de una Sociedad Limitada para proveer capital para el lanzamiento de un negocio.

SOLICITUD DE PROPUESTAS O COTIZACIONES [Request for Proposals]

Solicitación de ofertas para adquisiciones competitivas y negociadas cuando es imposible redactar una cotización que contenga una adecuada y detallada descripción de la propiedad y los servicios requeridos. Hay 15 circunstancias en las Regulaciones Federales de Adquisición ["Federal Acquisition Regulations" FAR, por sus siglas en inglés] que permiten las adquisiciones negociadas.

SUBASTA [Auction]

Venta pública de mercancía al mejor postor.

TASA DE AJUSTE DE RESERVA DE PERDIDAS [Loss Reserve Adjustment Rate]

Es la tasa de reserva basada sobre las cuentas incobrables netas (las incobrables menos las recuperaciones) en los cinco años más recientes del promedio total de los préstamos prominentes para el periodo comparable de 5 años.

TASA DE INTERES PREFERENCIAL [Prime Rate]

La tasa de interés que se cobra a los prestatarios comerciales que tienen la calificación de crédito más alta, para préstamos a corto plazo.

TASA LEGAL DE INTERES [Legal Rate of Interest]

Es la tasa máxima de intereses fijada por las leyes de varios estados, que usa el prestamista para cobrar al prestatario por utilizar su dinero.

USUFRUCTO [Easement]

Es el derecho o el privilegio que una persona puede tener sobre la propiedad de otros, como el derecho de paso, de entrada o salida.

VENCIMIENTO [Maturiyt]

Es aplicado a los certificados de garantía y al papel comercial; la fecha final en la que debe de ser pagado el capital principal.

USURA [Usury]

Es el interés que excede de la tasa legal cobrada a un prestatario por el uso del dinero.

VALOR DE LIQUIDACION [Liquidation Value]

Es el valor neto que se puede obtener de la venta (comúnmente forzada) de un negocio o un determinado activo.

VALOR NETO (PATRIMONIO) [Net Worth]

Es lo que representa la propiedad de la empresa, es decir los activos (derechos) menos pasivos (obligaciones), es el capital propio.

VENCIMIENTO [Maturity]

Es aplicado a los certificados de garantía y al papel comercial; la fecha final en la que debe de ser pagado el capital principal.

7. PREGUNTAS MAS FRECUENTES

1.- ¿Qué negocio debo escoger?

Comúnmente, el mejor negocio es el que le interesa más y para el cual tiene mayor habilidades. Puede ser que al examinar sus opciones, desee consultar con personas de negocios y con expertos locales acerca del potencial de crecimiento de diferentes negocios en su área. Poner en uso sus conocimientos dentro del mercado local aumentará sus probabilidades de éxito.

2.- ¿Qué es un plan de negocio y por qué necesito prepararlo?

Un plan de negocio define precisamente su negocio, identifica sus metas y sirve como el currículo de su empresa. Sus componentes básicos incluyen una hoja de activos, pasivos y deudas actuales; una declaración de ingresos; y un análisis del flujo de dinero en efectivo. Esto le ayudará a distribuir recursos apropiadamente, manejar complicaciones no previstas y tomar decisiones correctas. Proporciona información específica y organizada sobre su compañía y sobre como va a pagar el dinero prestado, un buen plan de negocio es parte crucial de cualquier solicitud de préstamo. Además, esto puede proporcionar información sobre sus operaciones y metas a su personal de ventas, a sus proveedores y a otros.

3.- ¿Por qué tengo que definir mi negocio detalladamente?

Quizás le parezca ridículo preguntarse, "¿En qué negocio estoy realmente?" sin embargo algunos dueños y gerentes acabaron en quiebra porqué nunca respondieron esa pregunta. Un dueño de una tienda de relojes se dió cuenta de que pasaba la mayoría de su tiempo reparando relojes mientras que la mayoría de su dinero lo gastaba en venderlos. Al fin decidió que estaba en el negocio de reparaciones y discontinuó las operaciones de venta. Sus ganancias mejoraron dramáticamente.

4. ¿Qué necesito para tener éxito en un negocio?

Hay cuatro fundamentos básicos para el éxito en los pequeños negocios:

Prácticas administrativas sólidas.

Experiencia en la industria.

Apoyo técnico.

Habilidad para planificar.

Pocas personas empiezan un negocio con todas estas bases cubiertas. Evalúe honestamente su propia experiencia y sus habilidades; entonces busque socios o empleados claves para compensar sus propias deficiencias.

5. ¿Sería más fácil lograr el éxito asociándose con una o más personas?

Un socio en el negocio no garantiza el éxito. Si necesita habilidades administrativas adicionales o capital para el comienzo del negocio, es posible que obtener un socio sea la decisión más apropiada. Tanto la personalidad y el carácter, como la habilidad de proporcionar ayuda técnica o económica, determinan finalmente el éxito de una sociedad.

6. ¿Cómo encuentro empleados calificados?

Escoja cuidadosamente a sus empleados. Decida de antemano lo que usted desea que ellos hagan. Sea específico, quizás necesitará empleados que sean flexibles y que puedan cambiar de un trabajo a otro cuando se requiera. Entreviste y seleccione a los candidatos con mucho cuidado. Recuerde, las buenas preguntas resultan en buenas respuestas; cuanto más aprenda sobre las experiencias y habilidades de cada candidato, mejor preparado estara para tomar su decisión.

7. ¿Cómo fijo los niveles de sueldos?

Los niveles de sueldos se calculan utilizando como criterios la importancia de la posición y las habilidades requeridas. Consulte con su asociación comercial y su contador para informarse sobre las prácticas más actualizadas, la proporción de costos y márgenes de ganancias en su rama de comercio. Aunque hay un sueldo mínimo por hora establecido por ley federal para la mayoría de los trabajos, el sueldo es algo completamente entre usted y su futuro empleado.

8. ¿Qué otras responsabilidades económicas tengo en cuanto a mis empleados?

Usted tiene que retener impuestos federales y estatales sobre ingresos, contribuir a los sistemas de desempleo y de compensación por salud ocupacional e igualar las contribuciones del empleado del Seguro Social. Quizás también desee averiguar sobre seguros de vida o de incapacidad para empleados claves. Las leyes en estos asuntos varían de estado a estado, probablemente será mejor que consulte con fuentes de información locales y / o con las oficinas de la SBA.

9. ¿Qué tipo de medidas de seguridad debo tomar?

Crímenes desde robo armado a desfalco pueden destruir hasta el mejor negocio. Por eso usted debe instalar un buen sistema físico de seguridad. Es igualmente importante establecer normas y salvaguardas para asegurar responsabilidad y honestidad entre su personal. Porque los sistemas de computadoras se pueden utilizar tanto para defraudar como para mantener archivos, debe investigar la posibilidad de un programa de seguridad para computadoras. Considere asistir a seminarios sobre cómo reconocer y evitar pequeños robos de productos en tiendas, y como manejar dinero en efectivo y mercancía; es tiempo y dinero bien invertido. Finalmente, el cuidado en la selección de empleados será su mejor aliado contra el crimen.

10. ¿Debo emplear a familiares para que trabajen para mí?

Frecuentemente los familiares del dueño "ayudan en

el negocio". Para algunos dueños de pequeños negocios es una experiencia gratificante; para otros puede causar daños irreparables. Considere cuidadosamente la lealtad y respeto que le tienen como dueño-gerente. ¿Puede usted mantener separadas sus decisiones familiares y sus decisiones de negocio?

11. ¿Necesito una computadora?

Hoy en día, los pequeños negocios se enfrentan a necesidades como aumento de inventario, clientes con mayores expectativas, aumentos en los costos y una mayor competencia. Las computadoras le pueden proporcionar información que pueden aumentar el retorno de sus inversiones. Al mismo tiempo, le ayudan a enfrentar muchas otras presiones de su negocio. Sin embargo, las computadoras no solucionan todo, por eso debe considerar cuidadosamente lo siguiente:

1. la decisión de si la necesito o no, y

2. la selección del mejor sistema (o computadora personal) para su negocio.

12. ¿Qué debo saber con respecto a las telecomunicaciones?

Todos los pequeños negocios tienen algunas funciones comunes: ventas, compras, financiamiento, operaciones y administración. Dependiendo de las particularidades del negocio, las telecomunicaciones pueden apoyar sus objetivos en todas o en algunas de estas áreas. En su forma básica, el teléfono y la red (local y de larga distancia) constituyen los componentes básicos de las telecomunicaciones. Es un instrumento efectivo que puede cambiar fácilmente con las temporadas comerciales y con el crecimiento. La forma como utiliza sus telecomunicaciones puede afectar la efectividad y las ganancias según su compañía crezca en el futuro.

13. ¿Cuánto dinero necesito para empezar mi negocio?

Una vez que tenga el edificio y los equipos requeridos todavía usted debe tener suficiente dinero disponible para cubrir los gastos de operación durante por lo menos un año. Estos gastos incluyen su sueldo como dueño y el dinero para pagar sus préstamos. Una de las causas más comunes del fracaso de algunos negocios es el insuficiente capital para el inicio de la empresa. Por lo tanto, debe trabajar diligentemente con su contador para calcular sus necesidades de flujo de dinero en efectivo.

14. ¿Cuáles son las alternativas para financiar un negocio?

Contribuir con sus propios fondos es el primer paso de financiamiento. Es indudablemente el mejor indicador de su seriedad concerniente a su negocio. Arriesgar su propio dinero le da confianza a otros inversionistas en su negocio. Quizás desee considerar a algunos miembros de su familia o un socio para lograr financiamiento adicional. Los bancos son una fuente obvia de fondos. Otras fuentes para préstamos incluyen compañías de financiamiento comercial, firmas de capital empresarial, compañías locales de desarrollo y compañías de seguros de vida. El crédito comercial, la venta de acciones y el arrendamiento de equipos son alternativas que pueden considerarse antes de solicitar un préstamo. Por ejemplo, un contrato de arrendamiento puede ser ventajoso, ya qué no ata su dinero en efectivo.

15. ¿Qué tengo que hacer para solicitar un préstamo?

Inicialmente, el prestamista hará tres preguntas:

•¿Cómo utilizará el préstamo?

¿Cuánto necesita tomar prestado?

¿Cómo pagará el préstamo?

Cuando solicite un préstamo, usted debe proporcionar declaraciones de estados financieros y un plan del negocio claro y coherente que proporcione el nombre de la empresa, su ubicación, sus instalaciones, su estructura legal y sus metas comerciales. También necesitará una descripción clara de su experiencia y habilidades administrativas así como la experiencia de otros miembros claves del personal. Si sus solicitudes de préstamos fueron rechazadas por al menos dos bancos, usted puede pedirle a un prestamista que haga el préstamo bajo el Plan de Préstamos Garantizados ["Loan Guarantee Plan"].

16. ¿Qué tipo de ganancias puedo esperar?

No es una pregunta fácil. Sin embargo, hay normas de comparación que se llaman "porcentajes de la industria" ["industry ratios"], las cuales pueden ayudarle a estimar sus ganancias. El Rendimiento sobre la Inversión (ROI) ["Return on Investment"], por ejemplo, estima la cantidad de ganancias que se obtendrán de un número específico de dólares invertidos en el negocio. Estas razones están detalladas por sus tamaños y códigos de Clasificación Industrial Estándar [SIC por las siglas en inglés, Standard Industrial Classification], lo cual le permite obtener los promedios de la industria para su negocio. Varios grupos publican estas cifras, y se pueden encontrar en su biblioteca local. La SBA y las asociaciones comerciales que sirven a su industria también pueden proporcionarle ayuda.

17. ¿Qué debo saber con respecto a la contabilidad y el mantenimiento de libros?

Es muy importante mantener archivos adecuados. Sin archivos, no se puede discernir como le va a su negocio y en qué dirección irá en el futuro. Por lo menos, se necesitan archivos para comprobar estos datos:

1. Sus declaraciones de impuestos bajo las leyes federales y estatales, incluyendo el impuesto sobre los ingresos y las leyes de Seguridad Social;

2. Su solicitud para obtener crédito de los vendedores o un préstamo bancario;

3. Sus reclamaciones sobre el negocio, en caso de

que decidiera venderlo.

Pero lo más importante es que los necesita para administrar su negocio exitosamente y para aumentar sus ganancias.

18. ¿Cómo establezco el sistema de mantenimiento de archivos apropiado para mi negocio?

El tipo y el número de archivos que usted necesitará dependen de su operación específica. Contador le pueden proporcionar muchas opciones. Cuando decida lo que sea necesario y lo que no lo sea, tome en cuenta las siguientes preguntas:

1.¿Cómo se utilizará este archivo?

2.¿Cuál es la importancia de esta información?

3.¿Está disponible esta información en otro lugar de manera igualmente accesible?

19. ¿Qué declaraciones financieras necesito?

Usted debe preparar y entender las dos declaraciones financieras básicas:

1.la hoja de activos, pasivos, capital, y deudas; y

2.la declaración de ingresos (pérdidas y ganancias),

un resumen de sus ingresos y de sus gastos durante un período de tiempo especificado.

20. ¿En qué consiste la mercadotecnia?

La mercadotecnia es su instrumento de organización más importante. Hay cuatro aspectos básicos del mercado, llamados frecuentemente las "cuatro Ps"

Producto: El artículo que usted vende o servicio que usted proporciona.

Precio: La cantidad que usted cobra por su producto o servicio.

Promoción: Las maneras en que informa a su mercado acerca de quién es, cuál es su negocio y en dónde está ubicado.

Plaza: Los conductos que utiliza para proporcionar el producto al cliente.

Como usted puede darse cuenta, la mercadotecnia comprende mucho más que solamente la publicidad o las ventas. Por ejemplo, una gran parte la mercadotecnia incluye la investigación de sus clientes: ¿qué es lo que desean? ¿cuánto pueden pagar? ¿qué piensan? Su entendimiento y la aplicación de las respuestas a preguntas como éstas juegan un papel principal en el éxito o fracaso de su negocio.

21. ¿Cuál es mi potencial de mercado?

Los principios para determinar la porción del mercado y el potencial del mismo son iguales en todas las áreas geográficas. Primero determine un perfil del cliente (quién) y del tamaño geográfico del mercado (cuántos). Este es el potencial de mercado general. El conocer el número y la fuerza de sus competidores (y también estimar la porción del mercado que su negocio les quitará) le proporcionará el potencial de mercado específico a su empresa.

22. ¿Qué hago con respecto a la publicidad?

El crecimiento de su negocio será influenciado por la manera en que planifique y ejecute un programa de publicidad. La publicidad es uno de los creadores principales de imagen comercial, debe ser bien planeada y bien presupuestada. Comuníquese con agencias de publicidad locales o con la oficina local de la SBA para ayudarle a desarrollar una estrategia de publicidad efectiva.

El precio de un servicio o de un artículo se basa en tres costos de producción básicos: materiales, mano de obra y gastos generales. Después de que se determinen estos costos, se selecciona un precio que será tanto lucrativo como competitivo. Como la fijación de precios puede ser un proceso complicado, tal vez usted desee buscar la ayuda de un experto.

23. ¿Son mejores algunas localidades que otras?

El tiempo y el esfuerzo que dedique a seleccionar dónde establecer su negocio puede constituir la diferencia entre el éxito y el fracaso. El tipo de negocio, el mercado potencial, la disponibilidad de empleados y el número de competidores son los factores que determinan donde debe ubicar su negocio.

24. ¿Es mejor arrendar o comprar la tienda (o la planta) y los equipos?

Esta es una buena pregunta y se debe considerar cuidadosamente. El arrendamiento no restringe su dinero en efectivo; pero la desventaja es que el artículo no tiene ningún valor de reventa o de recuperación ya que usted no es el propietario. Una evaluación cuidadosa de las alternativas y un análisis del costo le ayudarán a tomar la mejor decisión.

25. ¿Puedo operar un negocio en mi hogar?

Sí. De hecho, los expertos estiman que un 20 por ciento de las nuevas empresas se operan desde el hogar del dueño. Las oficinas locales de la SBA y las cámaras de comercio estatales pueden proporcionarle información pertinente sobre cómo administrar un negocio ubicado en su hogar.

26. ¿Cómo averiguo sobre proveedores, fabricantes y distribuidores?

La mayoría de los proveedores quieren cuentas nuevas. Una excelente fuente para encontrar proveedores es el "Registro Thomas" ["Thomas Register"], que proporciona fabricantes por categorías y por área geográfica. La mayoría de las bibliotecas tienen una guía de fabricantes, listados por estado. Si usted conoce a los fabricantes de la línea del producto, una carta o llamada telefónica a esas compañías le proporcionará información sobre el distribuidor o mayorista local. Para algunas líneas, las exposiciones comerciales son buenas fuentes para obtener proveedores y para evaluar los productos de la competencia.

27. ¿Qué hago cuando esté listo?

Usted ha hecho su tarea: tiene un plan de negocio completo; sabe en dónde desea operar; sabe cuánto dinero en efectivo necesitará; y tiene información específica sobre las posibilidades para encontrar empleados, vendedores y mercado. Sería recomendable que alguien examine sus planes objetivamente. Comuníquese con el departamento de comercio de una universidad local para recibir una segunda opinión. Entonces en cuanto haya tomado la decisión final para seguir adelante, debera llamar al banco y empezar.

28. ¿Cómo incorporo mi negocio?

Una vez que ha tomado la decisión de incorporar su negocio, el proceso legal comienza con la preparación del certificado de incorporación. Aunque en el pasado esto era preparado por tres o más individuos legalmente calificados – en la actualidad, sólo se necesita una persona para que haga la incorporación. La persona que haga la incorporación puede o no ser accionista. El estado puede que tenga un formulario estándar para incorporar un negocio pequeño. Generalmente se requiere tres tipos de información para incorporar un negocio pequeño. Los tres tipos de información son: nombre, propósito y periodo de vida de la corporación. Normalmente el nombre de la corporación se requiere que sea diferente a cualquier otro negocio incorporado en el estado. Además el nombre no deberá ser engañoso. El oficial encargado le podrá decir si el nombre que usted desea esta disponible. Se describirá el propósito del negocio. Es una buena costumbre usar una "cláusula específica" que describa el propósito específico por lo cual la corporación se ha formado. Mientras la mayoría de las corporaciones se forman por un periodo indefinido, es posible establecer un límite específico de tiempo. Con frecuencia la razón para crear una corporación es porque el periodo de vida del negocio es ilimitado. Los documentos de incorporación que se requerirán son: el nombre y dirección de la persona que está haciendo la incorporación; dirección de la oficina de la corporación inscrita en el estado; la cantidad máxima y tipo de capital accionario que se invertirá a la hora de la incorporación; una estipulación de derechos de propiedad; una estipulación que regule los negocios internacionales de la corporación; nombres y direcciones de los directores de la corporación hasta la primera junta de los accionistas; y el derecho de enmienda o la provisión de revocar con el certificado de incorporación. Los requerimientos antes mencionados cubren la incorporación como una "Corporación C" o "Corporación Sub-Capítulo S". Sin embargo la Corporación Sub-capitulo S tiene varios requisitos adicionales para su incorporación tales como: ser un grupo independiente no afiliado con ninguno otro, pudieran tener una sola clase de acciones; no más de 35 accionistas y pudieran ser individuos o fiduciarias como accionistas; y tiene que ser una corporación doméstica. Antes de firmar documentos legales, consulte con su abogado para asesoría legal. También visite nuestra área de nombres comerciales, licencias e incorporaciones.

# # # #

www.ingramcontent.com/pod-product-compliance
Lightning Source LLC
Chambersburg PA
CBHW070809220526
45466CB00002B/603